अंतर गाथा

Notes of a Vintage Soul

SUMEHA

BookLeaf Publishing
India | USA | UK

Made with ❤ on the BookLeaf Publishing Platform
www.bookleafpub.in
www.bookleafpub.com

Dedication

To the architects of my being, my parents - Dr. Sushma and Dr. Madan Lal Kaushal.

Preface

Pocket diaries, rough notebooks,
Tissue papers, scribbled hooks
Tit bits typed on laptops, phones,
Fragments whispered , when we're alone.
Have all comprised - Notes of a vintage soul
Verses sent through mails, through chats,
Words like birds with woven tracks.
What were they? Mere lines in rhyme?
Or echoes from some other time?
They were bits of me, of you, of all of us

In some quiet moments they have all come back in poetry. This work is all about how all of us may have felt at some point of time, in this or may be, some other life time. It is the collective of our emotions and experiences
.

ये पन्ने हैं उन्हीं कुछ लम्हों के,
जो कभी न कभी, कहीं न कहीं,
हम सब ने जीए हैं
हमारे साझा अनुभव.
हम सब की, 'अंतर गाथा'

The notes of the vintage soul, in its journey of who knows, how many lifetimes!

Acknowledgements

My parents first and then the Parabrahma. We were not only given a home, but also an entire ecosystem of learning and indulgence in art and poetry. The presence of a learning oriented grandparent, who was also a thorough academician, instilled in me, deep sense of discipline and a profound interest in reading diverse literature. I can still recall the cold winter days when my *Nani* would make me sit beside her in her cozy *rasoi* and would make me read, for hours till end. Books, magazines, newspapers and what not ! When all reading material had been exhausted, newspaper packets and food wrappers were ushered in . She would do her chores and would also correct me where I would go wrong or a small chiding would come by, in case I slyly skipped a paragraph or two. My dearest and most revered Uncle (Mr. V. Chopra) who has been greatly instrumental in shaping my personality during my formative years. A decade of association with Tara Hall , Shimla my alma mater, the cradle of creativity, where my love for poetry, drama, art, and literature blossomed.
My little beacon of love, light and laughter, Anshdha. Nitansh and Sufal for their unflinching support. The other set of parents that I am blessed with. My friends, they know who they are, for motivating me all through.

Dr. Devinder Mahindroo , my mentor in the literary realm, who encouraged me to write regularly and with discipline . Her works continue to shape my learning and expression.

1. Live a Life

Let the girl blossom, let womanhood bleed
Embark upon the voyage of love
laugh your lungs out, and cry a sea
Fool the world, keep your joy discreet
And those who despise, to them all grateful be!

2. वक्त

कोई पूछे कि क्या वक्त हो चला है?
मिट्टी कोई दाम नहीं मिलती और सोना सरेआम बिक रहा है
क़तरा क़तरा गिरते हैं बादल आसमान से, और बहता है वो समंदर जो
सदियों से दिल में कैद पड़ा है
पुराने ज़माने के दरवाज़े पे जगा हुआ दिया
किसी को नज़र आए या न आए, वो मेरी आँखों में रात भर सोया है
मंडी सी लगती है दुनिया, कुछ दाम कम कुछ दम ज़्यादा
खरीदे कैसे उसे कोई ? वो जो बेदम कब्रदार है

3. एक और महाकुम्भ

चलो चलें एक और महाकुम्भ
महाकुम्भ रक्त पात का
वादी से वायु में विलय होते , अश्रूपात के प्रतिघात का
रण के कण सा
रुधिर के वर्ण सा
एक नयी महाभारत गढ़ता महाकुम्भ
धर्मध्वजा लेकर, चलो चलें, एक और महाकुम्भ

4. कुछ अल्फ़ाज़

1.

दर्द से दवा होने की उम्मीद कैसे
जुनून-ए-इश्क़ का ये मंज़र कैसे
मौसम हो तो लाज़िमी है बिखरना भी
फिर गुलों को तूफ़ानों से कुफ़्त कैसे|

2.

इस बार जो हम मिलें तो कमाल-ए-इश्क़ देखिएगा
चेहरा पुर-नूर और आँखों में जलते चिराग़ देखिएगा
ख़ौफ़-ए-ज़माना नहीं हमें अब
जुनून-ए-इश्क़ बेमिसाल देखिएगा।

3.

दीये की लौ कुछ कम थी
सो दिल ही जला लिया
बुझ गए आँखों के दीये सिसकियों की हवाओं में तो
ग़म को सुरमा बना लिया
कैसे सर करूँ ज़िंदगी का पहाड़
सोचा, तन्हाई को साथी बना लिया

5. Until we meet again

This day that Love takes form
To what I feel, I do conform
Must I also let you go
For in my heart I do know
That People never part
Feelings soar and ebb
May also seemingly depart
But...
Some of me will forever live in you
Just the way some of you, will remain in me, for times to go
until, we again cross paths
In Heaven or Hell
In Bondage or Liberation
in this world or nother
Only to soak in bits of each other
until we meet again!

6. मन धारा

क्या भीतर था जो छूट रहा
शब्द बांध बन फूट रहा
इस घाट से उस घाट तक
बन धारा मन बहता
कभ पुलकित कभी रूठ रहा
जो भाव असहज था
निर्वस्त्र था
पर सत्य था
देव शिला पर उसका किसी ने
लिख डाला आज लेख था

7. अभिव्यक्ति

कृपा है , कृपानिधान की
अभिव्यक्ति तांडव कर रही
ओ मन मलिन , आ रिक्त कर दूँ
तेरे दोष सभी

जो मल संसार का
सब मेरे ही व्यव्हार का
कदाचार या सदाचार का
सोच के पेहेरेदार का

अब अधीर से धीर हो जा
ओ मन अब क्षीण हो जा
अनंत तू हो भले ही , न हो कोई प्रहरी तेरा
अब शुन्य सागर में लीन हो जा |

8. Person of Paradoxes

The look of a sage and a soldiers grit
The shoulders that hoist rocks and refuse a sling
The heart that keeps an infinite World Within
The victor’s chest and a vanquished dream
Who shall know me enough to ever know me complete ?

9. दस्तूर-ए-दुनिया

दस्तूर-ए-दुनिया, ये मंज़र तेरा
मैं दीन, तू मुआफ़िज़ मेरा
हर जगह तेरी, तू जग मेरा
मैं कौन तेरी? तू सब मेरा
फ़टकी तेरी, हस्ती मेरी
ख़ुदमुख़्तार ख़याल मेरे, आज़ाद मैं , तू ग़ुलाम मेरा |

10. The Road to righteousness

The righteous road that often slays
All that unrighteous comes it's way
Does it see what sores the heart
The venom that flows in the blood
The path that's right needs all the might
For the incessant battles it needs to fight.
Must it appear rough and undaunted
and must never endear or be wanted
To hail the righteous, to live it long
Must it sing, the paradox song.

11. Autumn Blossom

My Autumn blossom
I am so glad to have found you
It may not be the right time, but it's not too late either
there is time enough to love, to run wild in the woods, to climb barren rocks,
To laugh like mountain springs, to get lost and not be found
Not be found until
The autumn blossoms in pink and sheds the violets, rusts and browns.

12. If Only, I knew

There is so much to learn and so much to be
So much to know and so much to read
If only so much could happen, in not much time
As time, I have none
Perhaps too little, an hour but not one
If only I knew the heart to cling on to forever
The companion that I would loose never
The joy that will never fade
The truth that will never evade
The pursuance that will never dissuade
If only I knew so much.

13. Growing young.

thirty six and still growing young
I stopped looking out for places to compose
I stopped carrying too much baggage
Nothing at all in fact
All that I need
Is all that I carry within me
It's taken me years to know that
Years to build my own space within me
A place, my safe haven
All through these years I have learnt to chip off my own sharp edges
Learnt to love and also let go
To eliminate the pain from the wound
And embrace the scar with all grace
To not be endearing to all
but the beloved of the one, I can call my own.

14. चंद सवाल

जीते जी इस जहाँ में, फिर मिल सकेंगे क्या कभी?
गुम हो चुके बुरांश वो खिल सकेंगे क्या कभी?
मटमैली सी चिड़िया जिसके होने न होने में फ़ासला कुछ भी नहीं
फिर दरख़्तों को घर कर सकेगी क्या कभी?

बिच्छू की बूटी से कौन बच्चा डरता है अब!
वो मार ही ले, मगर उसके साथ का एहसास तो हो
ऐसी माँ मिल सकेगी क्या कभी?

अनायास निकल आते वो भाँग के पौधे
एकतरफ़ा इश्क़ सा वो नशा, फिर चढ़ेगा क्या कभी?

कभी हुआ करती थी बूढ़े नाना के पट्टू में
कहानी भी, कांगड़ी भी
वो मीठी सी आँच फिर भर सकेगी क्या कभी?

क्षण भर ना कण भर टिकती है अब
वो बर्फ़ की फ़ुट भर चादर
देर तक मेरे आँगन की धूप लेगी क्या कभी?

15. तुम

खुद से फिर मिली हूँ मैं
तुमसे मिलने के बाद
मुझसे मैं खो गई थी कहीं
दूर कहीं चलते चलते
संभलते कभी गिरते
बवंडरों से डरते कभी लड़ते
लगा जैसे काश काफ़िला मिल जाता कोई
उधड़ती सी नींद, सिल जाता कोई
नम सी आंच कांगड़ी की....
और आँखें तपी हुई
किन अंगारों से? क्या पता
कतरा कतरा होते पश्मीनाई सपने मेरे
अपनी आँखों में बुन जाता कोई

ख़यालों के इस मंज़र में
शाम सिंदूरी हो जाती है
मुझसे मेरा नाम पूछती है, और
बादलों में तुम्हारा अक्स छोड़ जाती है|

16. ज़िन्दगी अभी बहोत बाकि है

हर ओर मेरे फैली कई बातें तुम्हारी
बारिश की बूंदों की तरह, मुसलसल भरती जा रहीं
नहीं चाहती भर लेना खुद को
अभी बहोत जीना बाकि है'
कुछ देर दूर से देखो मुझे
नज़र के कई जाम पी लेना बाकि है

क्यों न तुम्हें ज़हन से रिहा करूँ अब ?
कागज़ कलम के नाम अदा करूँ अब
ज़िन्दगी अभी बहोत बाकि है
ज़िन्दगी अभी बहोत बाकि है

17. मैली चुनरिया

जग बोले तोरी मैली चुनरिया, मोहे मैल न दिखे कोय
जो भीतर देखन मैं चली, सब मैला मैला होय
मन मैला, तन मैला, जग मैला होय
जग की बात जग जाने
मोहे अपने मैल की सोय
घाट-घाट फिरती रहूं
मटियाली चुनरिया धोये
ज्यों-ज्यों घाट की ख़ाक छानूं
चुनरिया और मैली होये
लो हो गई ये कारी चुनरिया
सूझ बूझ मेरी सब खोये
अहिल्या सी पत्थर भई, मोहे पग न लगावे कोय।

18. unfathomable life

Life is on a roller coaster ride
My heart swings like a pendulum all day long
From intense belief to doubts
From valor to fear
From being on cloud nine to sinking in a dark chasm
Have I lost control over my life ?
Or Have I given away the reigns?
Unfathomable

Float, sink or withdraw Or should I just flow along
Still unfathomable

Why now ? for what purpose?
Or perhaps for the purpose to manifest
Still unfathomable

Where does this take me ?
Still unfathomable

19. कहीं

काँपते हैं शीशे कहीं
रात भर बेपरवाह फिरती हवाओं से
बादल भीगते हैं
अपने ही पानी में कहीं
चूमते हैं हाथ मेरे
तेरे हाथों के निशान,
उंगलियों के कोनों में कहीं।
कहाँ दूर है मुझसे तू?
तेरे होने न होने में, फासला कुछ भी नहीं
तू फूल मेरी किताबों में बंद पड़ा,
और मैं दफ़्न तेरी शायरी में कहीं

20. कौन हो तुम?

उलझी उलझी बातें करते हो
पागल हो, या नजूमी?
या लंबी पतझड़ के बाद गिरने वाले
बर्फ़ के पहले फाहे?
या चिंटियों की बारात में
रौशन कोई जुगनू?
कौन हो तुम?

21. चलते-चलते

चलते-चलते बहुत दूर निकल आए कहीं,
हाशिए पर दम लिया तो जाना
कि अब वापसी मुश्किल है
जानिब छूट चुके हैं, पीछे... बहुत पीछे
वो प्यार था
या मुट्ठी में रेत,
जिसे चाहकर भी रोका न जा सका
अब वापसी मुश्किल है।
यहीं कारवाँ तलाशना होगा
या यूँ समझ लेना होगा
कि खुदी में क़ाफ़िला हैं हम।

22. एक ही ख़्वाब में

कुफ़्त सी लगती है क़ुदरत को
वक़्त के गुज़र जाने से,
ग़रज़ है मुझे भी तेरे न आने के बहाने से
काश कुछ ऐसा हो
कि न वक़्त गुज़रे,
न वो शाम ढले
जो तेरे पहलू में बिताई मैंने
रोज़ वही दिन चढ़े और वही चाँद खिले
जो हमने जिया
एक साथ
एक ही ख़्वाब में।

23. दोरुख़ी दुनिया

दोरुख़ी दुनिया का देख
ये भी एक जलवा है
घाव मेरा गहरा कितना
तेरा ज़ख़्म कितना हल्का है

चोट तेरी खरोंच जैसी
चुभन सा मुझे सदमा है
घाव मेरा गहरा कितना
तेरा ज़ख़्म कितना हल्का है

तेरी लाज ही गहना तेरा
मोतियों से मुझे सजना है
घाव मेरा गहरा कितना
तेरा ज़ख़्म कितना हल्का है|

24. एक नज़र

मन के ज्वार-भाटे...
जिन्हें रोक पाना नामुमकिन
और बहने देना... जानलेवा है
किसी के वजूद का बरसों का साया
वो नहीं कर सकता
जो कभी किसी की एक नज़र कर देती है
हाँ, एक नज़र ही तो है
तराशने वाले की नज़र
या कोई बुरी नज़र
एक नज़र
जिसका एहसास रह जाता है बरसों तक
उम्रें कट जाती हैं
ऐसी नज़र के साये में
लाज़मी है ये नज़र
ज़िंदा महसूस करने के लिए
जी तो दरख़्त भी रहे हैं वरना

25. विचित्र सत्य

संसार में हर शख्स है
हर शख्स में संसार भी
वो शुन्य है या अशून्य है
भीतर वही बाहर वही

पल वही मन्वन्तर वही
प्रलय वही ,अभ्युदय वही
अग्नि वही जल भी वही
भीतर वही बाहर वही

हर सोच तर्कसंगत है
हर बूँद में है सागर भी
कुछ पाप में भी पुण्य है
कुछ पुण्य में है पाप भी

जो दृश्य है , क्या वो सत्य है
जो सत्य है क्या वो है सही
ओझल समझ के क्षेत्र से
कहते उसे मिथ्या तो नहीं ?

कुछ सफर में गंतव्य है
गंतव्य कुछ है की नहीं ?
इस खोज में संसार है
हर शख्स भी अशख्स भी

26. Without You

Why you came into my life?
Why now ? when I can't even hold on to you
Or Let you hold on to me
As I share my days with you, I have realized why
To let me know what I am , what the World is
What love is and what is it to love and be loved
I know I don't fit into your earthy kingdom, of which you are the king
Just the way you don't fit into my birdy being
But I cannot now imagine a life, where you're not around
Without you , I wouldn't know, if it was life that I was dying, or death that I was living!

27. My beloved Ocean

Who are you ?
It's like standing by the sea and asking the sea
where it's choicest pearls are?
Can the sea ever reveal ? perhaps not
One has to dive deep to find.
Who are you then?
You're the ocean that opens crevasse in rocks,
that erupts fire,
that balms aching hearts
that also harbors treasure
Am I that exquisite pearl in the treasure?
Well if I am, then in your arms, I shall forever remain,
my beloved ocean

28. मन का घर

वो घर जो मन हो ना सका
अनमना सा मन , जो घर हो ना सका
उदासीन सा मकबरा जो यादें संजो ना सका
इस कदर नाकारा दिल
की किसी का खिलौना भी हो न सका
ऐसा गूढ़ अंधेरा कि सवेरा हो ना सका

भाग फूटने से भला, हांडी का फूटना
घर की चौखट पर रखा हो माखन
सोया हो जो मन का पेहेरेदार,
तो चोरी भी हो ना सका |

29. अल्फ़ाज़ और भी

1

बूढ़े नाना के पैर की कील के ज़ंग से पुराना , ये मकान है
क्या जानूं मैं, कैसा ये मक़ाम है
कौन यहाँ किसके नाम है?
मुश्तरका है ?
या कुछ खर्चा ये आम है?

2

स्याह होते इस शहर की, धुंधली आँख से देख रही हूँ
सफेद चादर ओढ़े, खिल उठा है चमन मेरा

3

अजनबीयत से भी देखो कभी, अपने ही शहर को
नज़दीकियों का असर, अक्सर दूरियों में होता है

30. आखिरी अल्फ़ाज़

1

वो दौर कहा से लाऊँ
वो एहसास कहाँ से लाऊँ
जिन्हे जिया ,क्या न किया हमने
और लिख डाली नज़्म एक
लम्हों को ग़ज़ल किया हमने
कहाँ से वो अल्फ़ाज़, अब ले के लाऊँ
वो दौर कहाँ से लाऊँ
वो एहसास कहाँ से लाऊँ

2

पतझड़ क्या जाने बहार क्या है ? सूख कर बिखरना ही अंजाम - ए - ज़िंदगी है तो ये हे सही

3

कभी किसी दरख़्त को इंसान बनते देखा है?
या कोई ऐसा इंसान, जिसका वजूद दरख़्त-सा हो गया हो?
मैंने देखा है, जिया है।

4

इल्तिजा ऐ खाम दूँ
क्या तुम्हे नाम दूँ

इतने बरसों कहाँ रहे हो ?
क्या अहद ऐ अंजाम दूँ ?

www.ingramcontent.com/pod-product-compliance
Lightning Source LLC
LaVergne TN
LVHW050824051026
849532LV00008B/3112
* 9 7 8 9 3 7 2 1 3 5 3 6 7 *